D1755131

Een jaar in de stad

Een jaar in de stad

DOOR LUCY SPRAGUE MITCHELL

TEKENINGEN VAN TIBOR GERGELY

Vertaald en bewerkt door
Jan Paul Schutten

EEN GOUDEN BOEKJE

SPECIALE UITGAVE
VOOR HET EERST IN NEDERLANDSE EDITIE

met dank aan Piet Schreuders en Jessica Voeten

RUBINSTEIN

ISBN 90 5444 785 0

Published by Rubinstein Publishing bv, Amsterdam by arrangement with Random House
Children's Books, a division of Random House, Inc., New York, New York U.S.A.
All rights reserved.
"A Year in the City" by Lucy Sprague Mitchell, illustrated by Tibor Gergely
Copyright © 1948 by Random House, Inc. Copyright © renewed 1976 by Random House, Inc.
Translation copyright © 2004 by Rubinstein Publishing bv, Amsterdam

IN DE STAD is het altijd druk. Het hele jaar door. Auto's toeteren in de straten. Boten loeien in de haven. Treinen tsjoeken het station binnen. Voetstappen klikken op de stoep. Trams ratelen door de straten. Vliegtuigen suizen door de lucht. *Toet-toet! Moe-moe! Tsjoeke-tsjoek! Klik-klak! Ratel-ratel! Whoesj!*

In de stad haasten drukke mensen zich naar hun werk. Sommigen werken in winkels waar ze spullen verkopen. Anderen maken dingen in een fabriek. Sommigen rijden paard. Anderen rijden in een vrachtauto. Weer anderen besturen een bus, of een paard en wagen. Of een locomotief of een boot. Of zelfs een vliegtuig. Sommigen bouwen huizen of bruggen. Anderen maken de buizen die onder de grond lopen.

Het hele jaar kijken Jenny en Marc naar alles wat er in die drukke stad gebeurt. Bij de rivier ziet Jenny schoorstenen. Er komt altijd rook uit. Of het nu lente, zomer, herfst of winter is. Het zijn de schoorstenen van de fabrieken.

In elke fabriek maken ze iets anders. In de ene fabriek maken ze meubels. In de andere kleren of schoenen en in weer een andere maken ze beschuit.

Jenny woont in een heel hoge flat. Ze kan de vliegtuigen zien en de boten in de haven. 's Nachts hoort ze de treinen tsjoeken. Marc woont in het gebouw naast haar, op de onderste verdieping. Hij ziet de mensen, paarden en bussen op straat. En mannen die de buizen onder de grond maken. In de lente, zomer, herfst en winter zien Jenny en Marc alles wat die drukke stad doet.

De schilders gaan buiten aan het werk
De tulpen bloeien in het perk
In de kraampjes kun je bloemen kopen
Er zijn meisjes die met hoepels lopen
IN DE LENTE

IN DE LENTE verven de schilders alle hekken buiten—eerst rood, dan zwart of groen of grijs. Het hek voor Marcs huis is geverfd, net als de brandtrap aan de achterkant. Jenny kijkt naar de schilders die de grote brug over de rivier verven. Ze koopt met haar moeder erwtjes en aardbeien bij een kar. "Bloemen te koop!" roept een man in Marcs straat. Marc koopt met zijn moeder geraniums voor in de bloembak.

Bouwvakkers beginnen in de lente met bouwen. Met graafmachines graven ze een groot gat aan de overkant van de straat. Een cementmolen mengt cement met kleine steentjes. De mannen maken een vloer van cement. Grote vrachtwagens slepen grote stalen balken af en aan. De bouwvakkers slaan die met grote gloeiend hete pinnen aan elkaar vast. Daarna komen de metselaars, timmermannen, stukadoors, schilders en mannen met buizen en snoeren. De mannen beginnen in de lente met bouwen. Maar ze werken ook in de zomer. Jenny en Marc vinden het leuk om ernaar te kijken en te luisteren.

Het hele jaar door brengen de treinen melk van de boerderijen naar de stad. Elke ochtend zet de melkboer twee flessen melk voor Marcs huis en nog eens twee voor Jenny's flat. Andere treinen brengen meel en suiker, en groente en fruit.

Zo heeft de groenteboer altijd sinaasappels, appels en verse groenten. Marc en Jenny gaan mee naar de winkel, ze helpen met het dragen van de boodschappen. Al het groente en fruit uit de winkel komt van boerderijen buiten de stad.

Er zweven vliegtuigen boven de stad. Jenny hoort ze als ze haar raam open doet. Ze vliegen hoog in de lucht. Veel hoger dan Jenny's flat. Daarna landen ze bij het vliegveld van de stad, vol met reizigers en postzakken. Marcs vader neemt Marc en Jenny op een dag mee naar het vliegveld om naar de vliegtuigen te kijken.

"Als ik groot ben, word ik piloot," zegt Marc.

"Misschien word ik ook wel piloot," zegt Jenny.

In het park spuit de grote fontein
De kleintjes spelen op het plein
Wagens sproeien de straten nat
En kinderen nemen een voetenbad
IN DE ZOMER

IN DE ZOMER is het druk in de stad. Grote vrachtauto's zijn volgeladen met zand en stenen. Mensen zitten op het dak van de bussen. Het dakraam van de taxi's staat open. Zo waait er een frisse wind over hun passagiers. Jenny en Marc rijden met hun fiets op de stoep. Ze zien alle vrachtauto's, bussen en taxi's.

De straatveger sleept een vuilnisbak op wieltjes door de straat. Met een bezem veegt hij al het vuil op een blik met een steel eraan. Hij kiepert het afval in de bak en gaat weer verder.

Op een warme dag rijdt er een spuitwagen door hun straat. Het water spuit er aan alle kanten uit. Het stroomt daarna als een riviertje door de goot. Marc en Jenny hebben het ontzettend warm. "Dat water is lekker koel," zegt Marc. Jenny doet haar sandalen uit. "Kom op Marc," zegt ze. Zo gaan ze aan de kant van de straat staan zodat het koele water lekker over hun warme voeten plonst.

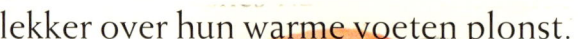

Een moeder die aan de overkant van de straat woont, rijdt met een kinderwagen op de stoep. Marc en Jenny gaan op hun tenen staan om er in te gluren. Ze zien een baby met rode wangetjes lekker slapen. Hij heeft blote beentjes, voetjes en armpjes.

Op een dag breken mannen met scherpe houwelen de straat voor hun huis open.
"Wat doen jullie daar?" vraagt Jenny.
"We verbinden de buizen en de snoeren in het nieuwe huis met de pijpen onder de straat," zegt de man.
"Wat loopt er door die pijpen?" vraagt Marc.

"Door sommige pijpen stroomt water. Door andere gas. En in weer andere pijpen liggen snoeren."

"Wat voor snoeren?" vraagt Jenny.

"Snoeren voor de elektriciteit. Zodat de elektrische bel, het licht en het fornuis in het nieuwe huis het doen. Maar er loopt ook telefoondraad. En al die buizen en draden lopen door de straten in de stad."

"Ook naar ons huis?" vraagt Marc.

"Ja hoor," zegt de man. "Ze lopen naar elk huis in de stad."

De boten hebben het druk in de zomer. Jenny en Marc varen met de pont. Ze zien in de verte een grote stoomboot de haven binnenvaren. Ze horen de toeter. *Toet-Toet* bromt hij laag. Alle boten in de haven gaan snel aan de kant voor het grote schip. De pont van Jenny en Marc haast zich naar de overkant van de rivier. Vissersboten draaien hun zeilen en varen weg. Sleepboten die een schip trekken, gaan opzij voor de stoomboot. Maar zes kleine sleepbootjes gaan niet aan de kant. Ze fluiten met hun hoge stoomfluitjes. *Fwiet-fwiet-fwieeet!* klinkt het. Ze varen naar het grote schip. Mannen op de sleepbootjes gooien touwen naar mannen op de stoomboot. Daarna duwen en slepen ze het schip naar het dok.

Jenny en Marc gaan in de zomer elke dag naar het park. Ze rijden met hun driewielers over de paadjes. Om de beurt duwen ze elkaar op de schommel. Ze varen met hun bootjes in het water bij de fontein. Door de wind waait het water uit de fontein over hen heen. Daarna lopen ze net zo lang in de zon tot hun kleren weer droog zijn.

In het park bloeien bloemen—rode, witte, oranje en gele. Onder de bomen liggen Jenny en Marc in de schaduw op het gras. Ze kijken omhoog. Jenny ziet een oranje met gele vogel. Marc ziet een eekhoorn met een lange pluizige staart.

"Onder een boom is het lekker koel in de zomer," zegt Jenny.

Grote kinderen gaan naar school
Een vrachtwagen stort de zwarte kool
De nacht is koud, de bomen kaal
Het wordt weer tijd voor een warme sjaal
IN DE HERFST

IN DE WINTER begint het te sneeuwen. De wind blaast de vlokken met heel zachte plofjes tegen Jenny's raam. Ze kan het nieuwe huis aan de overkant bijna niet meer zien. Als de zon weer schijnt, ziet ze dat alles onder de sneeuw ligt. De hele stad is wit en stil. Jenny en Marc gaan met hun slee naar het park. Ze glijden van een heuveltje af. "Joepieee!" roepen ze lachend in de sneeuw.

IN DE HERFST wordt het elke dag kouder. De kolenwagen stopt voor het huis van Marc. De voorkant van de laadbak gaat omhoog. De kolen gaan door een luik in de stoep een stortkoker in. *Kletterdekletter!* Ze vallen allemaal in Marcs kelder. En Jenny's kelder! Nu hebben ze kolen waarmee ze het in de winter lekker warm kunnen stoken.

In de herfst staan er verhuiswagens in de straat. Ze stoppen bij het nieuwe huis. De chauffeurs dragen meubels het huis binnen.

In de herfst gaan de grotere kinderen naar school. Marc en Jenny lopen naar het schoolplein. Ze kijken hoe de kinderen naar binnen gaan. "Misschien gaan wij hier volgend jaar ook wel naar school," zegt Marc tegen Jenny.

"Het is tijd voor je warme jas," zegt Jenny's moeder. Maar Jenny's oude jas is nu te klein voor haar. En Marcs oude kleren zijn ook te klein voor hem. Dus gaan ze naar een grote winkel. Het wemelt er van de kinderen die net als Jenny en Marc te groot zijn geworden voor hun kleren van vorig jaar.

De sneeuwploeg schuift de sneeuw opzij
De auto's kunnen er niet voorbij
Op straat ruik je de dennenbomen
En op de rivier is ijs gekomen
   IN DE WINTER

Op de straten ligt een dik pak sneeuw. De sneeuwploeg schuift luid brommend de sneeuw opzij. Marc en Jenny horen het en rennen eropaf om te kijken. De sneeuwschuiver rijdt langzaam door de straat. Als hij klaar is kunnen de auto's er weer rijden.

Er ligt ook een dik pak op de treinrails. Op het spoor rijdt een sneeuwschuiver die vooruit wordt geduwd door een locomotief. Hij veegt de sneeuw op een grote berg aan de kant van het spoor. Daarachter rijdt de trein die melk naar de stad brengt.

Marc ziet de wagon met melk voor zijn huis stoppen. Hij rent naar de deur. "Ik was bang dat jullie vandaag niet zouden komen," zegt hij. "Er ligt zoveel sneeuw." De melkboer lacht. "Het moet wel héél hard sneeuwen om de trein met melk tegen te houden."

Dan komen de kerstbomen de stad binnen. Ze komen uit een streek waar veel bomen groeien. Soms per trein, maar ook wel eens op vrachtwagens. Er zijn zelfs kerstbomen die met de boot komen.

Voor de winkels staan rijen kerstbomen. De vaders van Marc en Jenny kopen allebei een kerstboom.

De postbode bezorgt het hele jaar brieven. Naar Jenny's huis en naar Marcs huis. In december wordt zijn tas met post steeds zwaarder.

In zijn tas zitten pakjes. Grote en kleine. Marc en Jenny leggen de pakjes onder de kerstboom.

De boten in de haven hebben het zwaar in de winter. Er drijft dan allemaal ijs op de rivier. IJsbrekers breken het ijs zodat de boten weer vooruit kunnen. De ijsschotsen botsen tegen de boten. De boten varen langzaam tussen de schotsen door. Jenny bekijkt ze vanuit het raam van haar flat. Ze hoort de boten toeteren en fluiten.

"Het lijkt wel alsof ze boos zijn op het ijs," denkt Jenny.

De schilders gaan buiten aan het werk
De tulpen bloeien in het perk
In de kraampjes kun je bloemen kopen
Er zijn meisjes die met hoepels lopen
    In de lente

In het park spuit een grote fontein
De kleintjes spelen op het plein
Wagens sproeien de straten nat
En kinderen nemen een voetenbad
    In de zomer

Grote kinderen gaan naar school
Een vrachtwagen stort de zwarte kool
De nacht is koud, de bomen kaal
Het wordt weer tijd voor een warme sjaal
    In de herfst

De sneeuwploeg schuift de sneeuw opzij
De auto's kunnen er niet voorbij
Op straat ruik je de dennenbomen
En op de rivier is ijs gekomen
    In de winter

Of het nu vriest, of het nu dooit
Auto's en bussen stoppen nooit
Winter of zomer, in ieder seizoen
In de stad is altijd iets te doen
    Het hele jaar door!

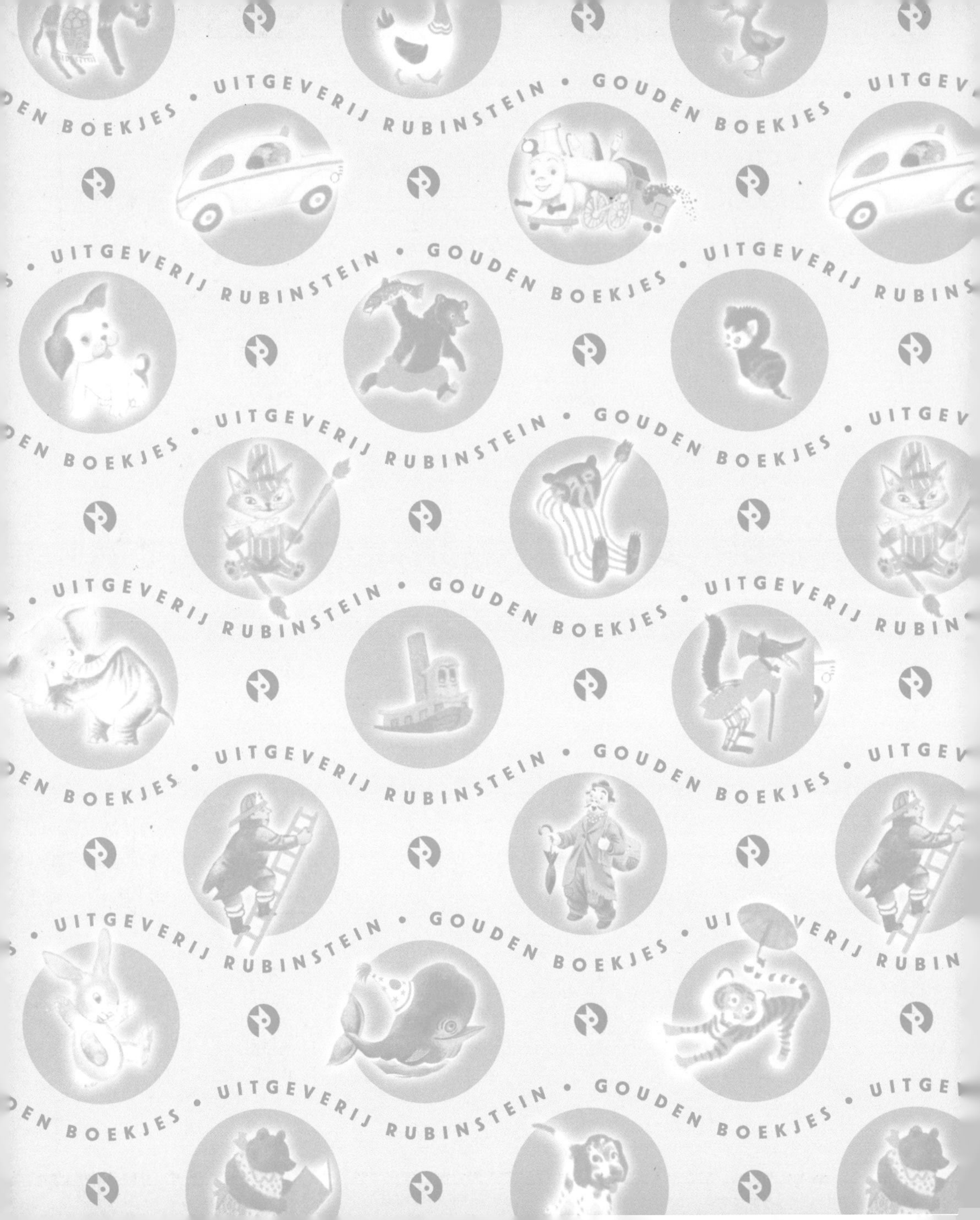
UITGEVERIJ RUBINSTEIN • GOUDEN BOEKJES